HORA SANTA EUCARÍSTICA

Pe. FERDINANDO MANCILIO, C.Ss.R.

HORA SANTA EUCARÍSTICA

Edição revista e atualizada

Direção editorial:	Pe. Fabio Evaristo R. Silva, C.Ss.R.
Coordenação editorial:	Ana Lúcia de Castro Leite
Copidesque:	Ana Lúcia de Castro Leite
Revisão:	Manuela Ruybal
Capa e Diagramação:	Mauricio Pereira

ISBN 85-7200-444-0

1ª impressão: 1982

60ª impressão

Todos os direitos reservados à **EDITORA SANTUÁRIO** – 2024

Rua Pe. Claro Monteiro, 342 – 12570-045 – Aparecida-SP
Tel.: 12 3104-2000 – Televendas: 0800 - 016 00 04
www.editorasantuario.com.br
vendas@editorasantuario.com.br

APRESENTANDO

Não sei quem você é, não conheço você, nem o que você faz, nem de onde vem, qual sua família; mas sei que, mesmo sem conhecer você, estamos unidos no amor a Jesus. A EUCARISTIA é a fonte de amor. Por isso colocamos em suas mãos esta HORA SANTA EUCARÍSTICA, para que você possa ter um amor muito maior ainda à Sagrada Eucaristia: o Pão Vivo descido do céu no meio de nós.

Esta HORA SANTA EUCARÍSTICA requer uma participação maior da Comunidade, por isso ninguém tome para si todo o direito de dirigi-la. Assim, há necessidade de dividir bem as funções (leitor, dirigente, leitura, cânticos), para que todos participem afetiva e efetivamente. No final destas páginas, você encontrará alguns cânticos que poderão ser cantados, além daqueles que já são conhecidos na Comunidade.

Que cada cristão possa verdadeiramente amar, adorar, bendizer, louvar Jesus presente na Eucaristia. Que sua oração o plenifique com a abundância da graça de Deus. Que Nossa Senhora o abençoe e Santo Afonso, fundador dos Missionários Redentoristas, que tinha grande amor à Santíssima Eucaristia, guarde-o.

Amemos o Senhor, que nos ama tão generosamente na gratuidade de seu amor.

Pe. Ferdinando Mancilio, C.Ss.R.

DA INSTRUÇÃO *REDEMPTIONIS SACRAMENTUM*
Capítulo VI – n. 129 a 140

A CONSERVAÇÃO DA SANTÍSSIMA EUCARISTIA E SEU CULTO FORA DA MISSA

1. A conservação da Santíssima Eucaristia

"A celebração da Eucaristia no Sacrifício da Missa é, verdadeiramente, a origem e o fim do culto que se lhe tributa fora da Missa. As sagradas espécies se reservam depois da Missa, principalmente com o objeto de que os fiéis que não podem estar presentes à Missa, especialmente os enfermos e os de avançada idade, possam unir-se a Cristo e ao seu Sacrifício, que se imola na Missa, pela Comunhão sacramental." Além disso, esta conservação permite também a prática de tributar adoração a este grande Sacramento, com o culto de latria, que se deve a Deus. Portanto, é necessário que se promovam vivamente aquelas formas de culto e adoração, não só privada, mas sim também pública e comunitária, instituídas ou aprovadas pela mesma Igreja.

"De acordo com a estrutura de cada igreja e os legítimos costumes de cada lugar, o Santíssimo Sacramento será guardado em um sacrário, na parte mais nobre da igreja, mais insigne, mais destacada, mais convenientemente adornada" e também, pela tranquilidade do lugar, "apropriado para a oração", com espaço diante do sacrário, assim com suficientes bancos ou assentos e genuflexórios. Atenda-se diligentemente, além disso, a todas as prescrições dos livros litúrgicos e às normas do direito, especialmente para evitar o perigo de profanação.

Além de não ser prescrito no cânon 934 § 1, proíba-se de guardar o Santíssimo Sacramento nos lugares que não estão sob a segura autoridade do Bispo diocesano ou onde exista perigo de profanação. Se isto ocorrer, o Bispo revogue imediatamente a autorização, já concedida, de guardar a Eucaristia.

Ninguém leve a Sagrada Eucaristia para casa ou a outro lugar, contra as normas do direito. Deve-se considerar, além disso, que roubar ou reter as sagradas espécies com um fim sacrílego, ou jogá-las fora, constitui um dos "graviora delicta" (atos graves), cuja absolvição está reservada à Congregação para a Doutrina da Fé.

O sacerdote, ou diácono, ou ministro extraordinário, quando o ministro ordinário esteja ausente ou impedido, ao levar ao enfermo a Sagrada Eucaristia para a Comunhão, irá diretamente, na medida do possível, desde o lugar onde se guarda o Sacramento até o domicílio do enfermo, excluído de qualquer outra atividade profana, para evitar todo perigo de profanação e para guardar o máximo respeito ao Corpo de Cristo. Além disso, siga-se sempre o ritual para administrar a Comunhão aos enfermos, como se prescreve no Ritual Romano.

2. Algumas formas de culto à Eucaristia fora da Missa

"O culto que se dá à Eucaristia fora da Missa é de um valor inestimável na vida da Igreja. Este culto está estreitamente unido à celebração do Sacrifício Eucarístico." Portanto, promova-se insistentemente a piedade para a Santíssima Eucaristia, tanto privada como pública, também fora da Missa, para que seja tributada pelos fiéis a adoração a Cristo, verdadeira e realmente presente, que o "pontífice dos bens futuros" e Redentor do universo. "É próprio dos sagrados Pastores animar, também com o testemunho pessoal, o culto eucarístico, particularmente a exposição do Santíssimo Sacramento e a adoração de Cristo presente sob as espécies eucarísticas".

"Na visita ao Santíssimo Sacramento", os fiéis "não deixem de fazê-la durante o dia, posto que o Senhor Jesus Cristo, presente ali, como uma mostra de gratidão, prova de amor é uma homenagem da devida adoração". A contemplação de Jesus, presente no Santíssimo Sacramento, ao passo que é Comunhão espiritual, une fortemente os fiéis com Cristo, resplandecendo no exemplo de tantos Santos. "A Igreja, na qual está guardada a Santíssima Eucaristia, deve ficar aberta aos fiéis, por não menos algumas horas ao dia, a não ser que se justifique por uma razão grave, para que possam fazer oração ante o Santíssimo Sacramento".

O Ordinário promova intensamente a adoração eucarística com assistência do povo, seja ela breve, prolongada ou perpétua. Nos últimos anos, de fato, em tantos "lugares a adoração do Santíssimo Sacramento tem cotidianamente uma importância destacada e se converte em fonte inesgotável de santidade", embora também há "lugares onde se constata um abandono quase total do culto da adoração eucarística".

A exposição da Santíssima Eucaristia seja feita sempre como se prescreve nos livros litúrgicos. Além disso, não se exclua a reza do rosário, admirável "em sua simplicidade e em sua profundidade", diante da eucarística encerrada no sacrário ou do Santíssimo Sacramento exposto. Sem dúvida, especialmente quando se fez a exposição, evidencie-se o caráter, nesta oração, de contemplação dos mistérios da vida de Cristo Redentor e dos desígnios salvíficos do Pai onipotente, sobretudo utilizando leituras tiradas da sagrada Escritura.

Sem dúvida, o Santíssimo Sacramento nunca deve permanecer exposto sem suficiente vigilância, nem sequer por um tempo muito breve. Portanto, faça-se de tal forma que, em momentos determinados, sempre estejam presentes alguns fiéis, ao menos por turno.

Onde o Bispo diocesano dispõe de ministros consagrados ou outros que possam ser designados para isto, é um direito dos fiéis visitar frequentemente o Santíssimo Sacramento da Eucaristia para adorá-lo e, ao menos algumas vezes no transcurso de cada ano, participar da adoração ante a Santíssima Eucaristia exposta.

É muito recomendável que, nas cidades ou nos núcleos urbanos, ao menos nos maiores, o Bispo diocesano designe uma igreja para a adoração perpétua, na qual se celebre também a santa Missa, com frequência ou, na medida do possível, diariamente; a exposição deve se interromper rigorosamente enquanto se celebra a Missa. Convém que na

Missa, que precede imediatamente ao momento da adoração, consagre-se a hóstia que se exporá à adoração e se coloque na custódia (ostensório), sobre o altar, depois da Comunhão.

EUCARISTIA, PÃO PARTIDO

Reunidos aqui como Igreja e em Comunidade para este momento sublime diante do Santíssimo Sacramento, vamos adorá-lo, bendizê-lo e agradecê-lo pelos incontáveis benefícios de seu amor. Reservamos este momento com todo o fervor de nossa fé, para estarmos diante do Santíssimo Sacramento.

Deus se dá a nós por meio de seu Filho Jesus Cristo, presente no Pão do altar, a Eucaristia, que é alimento, fortaleza, amor, doação. É presença infinita de amor! Voltemos, pois, nosso olhar, nosso coração, toda a nossa vida para o Senhor, presente entre nós, Cristo vivo no Pão eucarístico.

1. CANTO *(ou à escolha)*
Vós sois o Caminho, a Verdade e a Vida,/ o pão da alegria descido do céu.
1. Nós somos caminheiros,/ que marcham para o céu,/ Jesus é o caminho,/ que nos conduz a Deus.
2. Da noite da mentira,/ das trevas para a luz,/ busquemos a verdade!/ Verdade é só Jesus.
3. Pecar é não ter vida,/ pecar é não ter luz,/ tem vida só quem segue/ os passos de Jesus.
4. Jesus, Verdade e Vida,/ Caminho que conduz/ as almas peregrinas que marcham para a luz.

D.: Estamos aqui diante de vós, Senhor. Queremos vos amar com todo o nosso ser e repartir-vos na vida de cada um de vossos filhos e filhas. Acreditamos que vós estais presente no Santíssimo Sacramento do altar. Por isso todo

o nosso ser e nossos pensamentos se voltam para vós e para nossos irmãos e irmãs. Em nome do Pai, Criador de todo o universo, † do Filho, Salvador da humanidade, e do Espírito Santo, Santificador de todo homem. Amém!
T.: Jesus, aqui estamos, porque vos amamos e queremos ficar mais perto de vós. Vós sois nosso irmão inseparável, amigo de todas as horas!

2. ATO PENITENCIAL
D.: Senhor Jesus Cristo, agora vos pedimos perdão. Perdão por tantas coisas que não deixam vosso amor concretizar-se entre nós. Perdoai-nos, para termos de novo a vida, para sermos "novas criaturas". Acreditamos que vosso perdão nos leva à transformação.
L.: Perdão, Senhor, por não nos tratarmos como irmãos e irmãs verdadeiros. Perdão pelo pecado da injustiça e da exploração humana, que às vezes acontece entre nós.
T.: Perdão, Senhor! Prometemos renovar nossa vida!

L.: Perdoai, Senhor, quando fomos gananciosos, e ficamos pensando e desejando levar vantagem. Tratamos o outro conforme nosso interesse, não como um irmão ou uma irmã. Perdoai nossa ilusão e ambição, Senhor.
T.: Perdão, ó Cristo! Mudai nosso coração!

L.: Perdoai, Senhor, quando não fomos solidários e fraternos, quando não nos preocupamos com as necessidades dos outros. Dai-nos o espírito de corresponsabilidade para com a vida e com os irmãos e irmãs.
T.: Perdão, Senhor! Dai-nos a força de vosso amor!

L.: Despertai-nos para a esperança, para o compromisso fraterno na Comunidade e na sociedade. Perdoai-nos quando, por omissão ou pouca boa vontade, ficamos fechados em nós mesmos e não estendemos nossa mão para ajudar, confortar, animar e libertar.
T.: Perdão, Senhor! Confirmai-nos em vossa misericórdia!

L.: Ajudai-nos com vosso perdão a ser mais presença na família, na Comunidade e em nossa convivência social. Perdoai-nos, quando não vivemos com empenho os valores do Evangelho.
T.: Perdão, Senhor! Contamos e esperamos a graça de vossa bondade! Amém!

(Podem-se elaborar outros pedidos de perdão, conforme a realidade local, comunitária.)

D.: Senhor, que viestes salvar os corações arrependidos, tende piedade de nós.
T.: Senhor, tende piedade de nós!

D.: Cristo, que viestes chamar os pecadores humilhados, tende piedade de nós.
T.: Cristo, tende piedade de nós!

D.: Senhor, que intercedeis por nós junto a Deus Pai, que nos perdoa, tende piedade de nós.
T.: Senhor, tende piedade de nós!

3. CANTO (ou à escolha)
1. Vai falar no Evangelho,/ Jesus Cristo, aleluia!/ Sua palavra é alimento/ que dá vida, aleluia!

Glória a ti, Senhor,/ toda graça e louvor. (bis)
2. A mensagem da alegria/ ouviremos, aleluia!/ De Deus as maravilhas/ cantaremos, aleluia!

4. PALAVRA DE DEUS *(Jo 6,53-60)*
D.: Anúncio do Evangelho de Jesus Cristo † segundo João:
T.: Glória a vós, Senhor!
D.: Os judeus discutiam entre si, dizendo:
T.: "Como pode este homem dar-nos sua carne a comer?"
D.: Jesus lhes respondeu então: "Em verdade, em verdade vos digo: se não comerdes a carne do Filho do Homem e não beberdes seu sangue, não tereis a Vida em vós.
T.: Quem come minha carne e bebe meu sangue tem a vida eterna e eu o ressuscitarei no último dia.
D.: Pois minha carne é verdadeira comida e meu sangue, verdadeira bebida. Quem come minha carne e bebe meu sangue permanece em mim e eu nele.
T.: Assim como o Pai, que vive em mim, enviou-me e eu vivo pelo Pai, também aquele que comer de mim viverá por mim.
D.: Este é o pão vivo que desceu do céu. Ele não é como o que os pais comeram e pereceram; quem come este pão viverá eternamente". Assim falou Jesus, ensinando em uma sinagoga de Cafarnaum. Muitos de seus discípulos ouviram-no e disseram: "Esta palavra é dura! Quem pode escutá-la?" – Palavra da Salvação!
T.: Glória a vós, Senhor!

5. REFLEXÃO *(Meditação, homilia, exortação)*

6. JESUS E NOSSO TEMPO

D.: Jesus, vós nos prometestes vosso corpo e sangue, como sinais vivos de nossa salvação. Já caminhamos bastante, mas ainda não o suficiente para vos amar de todo o coração. Há muitos irmãos e irmãs abandonados no mundo. Precisam do amor e da solidariedade para viver com dignidade. Senhor, queremos ser mais fraternos.
T.: Senhor, queremos ser mais fraternos!

L.: Jesus, vós sois o pão vivo repartido entre nós. Vós esperais que repartamos também nossa vida. Há os que buscam o pão necessário, e o irmão que plantou e colheu o trigo não foi convidado para partilhar de nossa mesa. Senhor, ensinai-nos a repartir.
T.: Senhor, ensinai-nos a repartir!

L.: Pão é sinal de vida. Falta de pão é morte. A Eucaristia é o pão vivo, é o próprio Jesus entregando-se a nós. Por isso, cada comunhão que recebemos exige isto de nós: que passemos a gerar VIDA onde existe morte, ESPERANÇA onde há desânimo, ALEGRIA onde reina tristeza...
T.: Senhor, ajudai-nos a gerar, promover e defender a vida!

D.: Senhor, em vós nós vivemos, movemo-nos e somos chamados a AMAR AS PESSOAS. Quando o egoísmo toma conta de nós, perdemos de vista a necessidade que há no outro. Às vezes nos aproximamos dos irmãos buscando nossos interesses, e não os do amor solidário e fraterno. Senhor, queremos enxergar-vos no rosto de nosso irmão e de nossa irmã.

T.: Senhor, queremos enxergar-vos no rosto de nosso irmão e de nossa irmã!

L.: Senhor, a Mesa da Eucaristia é nossa fonte de vida. Nela vós dais vossa salvação e a plenitude de vosso amor, gerador da vida. Dissipai em nós as trevas da indiferença e da falta de comunhão fraterna. Senhor, queremos viver em comunhão, na justiça e no amor fraterno.
T.: Senhor, queremos viver em comunhão, na justiça e no amor fraterno!

L.: Senhor, quem pode vos contemplar no mistério da Eucaristia e não amar? Vosso amor nos impulsiona para o compromisso fraterno, para a justiça e para a paz. Não podemos ficar parados, acomodados e calados. Vós nos chamais para o testemunho e para o compromisso com a verdade de vosso Reino. Senhor, queremos lutar com as armas da justiça, do amor e da esperança.
T.: Senhor, queremos lutar com as armas da justiça, do amor e da esperança!

7. CANTO *(ou à escolha)*
1. Um certo dia à beira-mar/ apareceu um jovem Galileu./ Ninguém podia imaginar/ que alguém pudesse amar/ do jeito que ele amava./ Seu jeito simples de conversar/ tocava o coração/ de quem o escutava.
E seu nome era Jesus de Nazaré./ Sua fama se espalhou e todos vinham ver/ o fenômeno do jovem pregador,/ que tinha tanto amor.
2. Naquelas praias, naquele mar,/ naquele rio, em casa de Zaqueu;/ naquela estrada, naquele sol,/ e o povo a

escutar histórias tão bonitas./ Seu jeito amigo de se expressar/ enchia o coração/ de paz tão infinita.
3. Em plena rua, naquele chão,/ naquele poço, em casa de Simão;/ naquela relva, no entardecer/ o mundo viu nascer a paz de uma esperança./ Seu jeito puro de perdoar/ fazia o coração/ voltar a ser criança.
4. Um certo dia, ao tribunal/ alguém levou o jovem Galileu./ Ninguém sabia qual foi o mal/ e o crime que ele fez,/ quais foram seus pecados./ Seu jeito honesto de denunciar/ mexeu na posição/ de alguns privilegiados.
E mataram a Jesus de Nazaré,/ e no meio de ladrões puseram sua cruz;/ mas o mundo ainda tem medo de Jesus,/ que tinha tanto amor...

8. ORAÇÃO DA COMUNIDADE
D.: O Senhor nos acolhe sempre. Quem pode amar como Ele nos ama? Somos amados por um Deus que nos deu sua própria vida. Confiantes e cheios de fé em Jesus Sacramentado, coloquemos em seu coração misericordioso nossos rogos.
T.: Cristo, Pão da Vida, ouvi-nos!

– GUARDAI em vossa misericórdia nossas famílias e nossa Comunidade.
– DAI a saúde e a paz aos doentes, aos sofredores e aos que deles cuidam.
– TOCAI no coração de quem está longe de vós e de vossa bondade.
– AJUDAI-NOS, por vossa graça, a viver na comunhão fraterna e na solidariedade.
– DAI consciência a nossos líderes para o respeito e a distribuição justa do bem comum da pátria.

– PROTEGEI a juventude e as crianças, as famílias e os que vos buscam com sinceridade.
– ILUMINAI com a luz de vosso Espírito todos os evangelizadores de nossos dias.
(Se for conveniente, poderão ser feitas outras preces.)

D.: Rezemos juntos:
T.: Deus e Senhor nosso, Pai de todos os homens e mulheres, ouvi a oração de vossos filhos e filhas. Vós sois o Senhor da vida. Aumentai nossa fé e nossa esperança. Fazei-nos sinais de vosso amor. Seja nosso coração fiel a vós, e abrasado de amor pela certeza de vossa presença entre nós! Amém!

D.: Rezemos também pelas Vocações na Igreja de Jesus, sacramento do Reino:
T.: Jesus, mestre divino, que chamastes os Apóstolos a vos seguirem, continuai a passar pelas nossas famílias, pelas nossas escolas e continuai a repetir o convite a muitos de nossos jovens. Dai coragem às pessoas convidadas. Dai força para que vos sejam fiéis como apóstolos leigos, como diáconos, padres e bispos, como religiosos e religiosas, como missionários e missionárias, para o bem do povo de Deus e de toda a humanidade. Amém. *(Papa Paulo VI)*

9. CANTO *(ou à escolha)*
1. Vem, e eu mostrarei que o meu caminho te leva ao Pai,/ guiarei os passos teus e junto a ti hei de seguir./

Sim, eu irei e saberei como chegar ao fim./ De onde vim, aonde vou: por onde irás irei também.
2. Vem, e eu te direi o que ainda estás a procurar;/ a verdade é como o sol e invadirá teu coração./ Sim, eu irei e aprenderei minha razão de ser./ Eu creio em ti que crês em mim e à tua luz verei a luz.
3. Vem, que a terra espera quem possa e queira realizar/ com amor a construção de um mundo novo muito melhor./ Sim, eu irei e levarei teu nome aos meus irmãos;/ iremos nós e o teu amor vai construir enfim a paz.

10. COMPROMISSO COM DEUS, COM A IGREJA, COM A COMUNIDADE

D.: Unidos na mesma fé, elevemos até Deus, nosso Pai, nosso compromisso com o Reino, agradecidos a Jesus, que se dá a nós como alimento, Pão Vivo descido do céu, repartido entre nós, assim o amor-comunhão faça entre nós sua morada e ninguém sofra privações enquanto peregrinamos na Terra.

L.: Senhor, precisamos crescer e amadurecer em nossa fé. Sem vossa presença não podemos caminhar, nem viver os valores de vosso Reino, presente entre nós.
T.: Senhor, colocamos em vós nossa disposição em acolher e servir melhor uns aos outros. Queremos vos servir na justiça, na fraternidade, no gesto concreto de amor!

L.: Jesus, vós sois a Palavra eterna do Pai. Sem vós nada podemos fazer, e convosco nada temos a temer. Sois

nosso companheiro e nosso guia. Por isso, prometemos viver vossa Palavra em nossa vida de Comunidade. Assim venceremos as acomodações, indiferenças e frieza em nossa vida de irmãos e de irmãs.
T.: Senhor, fazei-nos crescer na vida de comunhão, na palavra vivida, no gesto amigo e cordial com aquele que sofre, com o abandonado, com o necessitado!

L.: Jesus, vosso grande amor para conosco nos faz ser a mão aberta que acolhe com serenidade e compaixão aqueles que são vítimas da opressão, da dominação, da guerra, do abandono, do desprezo...
T.: Queremos, Senhor, acolher e abraçar quem é menos favorecido!

L.: Jesus, vós nos dais a paz, mas vemos muita violência e intolerância na sociedade. Há a violência da fome, da falta de acesso à escola, hospital, moradia... Nosso mundo é nossa casa comum, e na força da união vamos vencer o que fere a vida e a dignidade humana.
T.: Senhor, vós que sois nossa esperança e salvação, iluminai-nos com a luz de vossa misericórdia!

L.: Jesus, vós sois nosso amigo, companheiro inseparável, e estamos felizes diante de vós. Vossa presença contagia todo o nosso ser. Com vossa presença amiga e certa no meio de nós e unidos na Comunidade, somos e nos sentimos vossa Igreja. Ajudai-nos a ver vossa face resplandecente no rosto do irmão e da irmã, em nossa família e na Comunidade.

T.: Senhor, Deus de vida, não estamos sozinhos. Vós estais conosco! Vossa presença amorosa, amiga e certa alegra nosso viver! Continuaremos unidos, porque vós estais conosco! Amém!

D.: Ao profeta Elias, quando estava cansado de caminhar e desanimado de lutar diante dos fracassos, Deus deu um "pãozinho" e, pela virtude daquele "pãozinho", ele pôde caminhar quarenta dias e quarenta noites até chegar ao monte do Senhor. Nós também temos de caminhar muito ainda. E nossa força e coragem, nós a encontraremos na Eucaristia. Caminhemos unidos na força da fé e na comunhão fraterna e como verdadeiros irmãos e irmãs em Cristo. Rezemos, pois, como Ele mesmo nos ensinou:
T.: Pai nosso que estais no céu...

11. CANTO DA COMUNHÃO *(ou à escolha)*
Prova de amor maior não há,/ que doar a vida pelo irmão.
1. Eis que eu vos dou o meu novo mandamento:/ Amai-vos uns aos outros como eu vos tenho amado.
2. Vós sereis os meus amigos, se seguirdes meu preceito:/ Amai-vos uns aos outros como eu vos tenho amado.
3. Como o Pai sempre me ama, assim também eu vos amei:/ Amai-vos uns aos outros como eu vos tenho amado.
4. Permanecei em meu amor e segui meu mandamento:/ Amai-vos uns aos outros como eu vos tenho amado.
5. E, chegando a minha Páscoa, vos amei até o fim:/ Amai-vos uns aos outros como eu vos tenho amado.

6. Nisto todos saberão que vós sois os meus discípulos:/ Amai-vos uns aos outros como eu vos tenho amado.

12. AÇÃO DE GRAÇAS
D.: Senhor, nós vos agradecemos. Vós nos destes vosso amor e vossa misericórdia infinitos. Vós sois nosso Amigo e nosso Libertador, nosso Pastor e Guia. Conduzi-nos como um só Povo, como uma só Comunidade, como caminha o verdadeiro Povo de Deus.

L.: Jesus, nós vos louvamos por vossa Palavra que nos orienta e nos ensina o modo certo de viver. Indica-nos o caminho a seguir. Não queremos caminhar sozinhos. Queremos que nosso irmão e nossa irmã andem conosco, mesmo que custe esperar; mas queremos caminhar de mãos dadas, em fraternidade.

T.: Nós vos agradecemos, ó Jesus, por vossa bondade e por vosso amor para conosco!

L.: Senhor, vossa Igreja caminha sob a luz de vosso Espírito Santo e se renova a cada dia, levando todos a participar da comunidade fraterna. Como podem ainda a separação e a divisão quererem ficar entre nós?

T.: Agradecemos, Senhor, a vida nova que nos dais todos os dias! Vós sois nossa esperança de vida e de salvação, de empenho em favor da verdade, da justiça e da paz!

L.: Nós vos louvamos, Senhor, porque nossas Comunidades se empenham na caridade e na solidariedade. Não nos deixeis cair jamais no indiferentismo, na frieza em nosso relacionamento humano, nem ficar olhando o despojamento da dignidade de nossos irmãos e irmãs, sem nada fazer por eles.

T.: **Senhor, nós vos damos graças porque estamos aprendendo a viver como irmãos. Por isso queremos caminhar juntos, na força da união e da partilha!**

D.: Deus Pai, na Comunidade, na sociedade, em nossa casa ou onde estivermos, queremos irradiar vosso amor de Pai; esse grande amor que vós nos destes, em Jesus, para toda a humanidade. A vós todo louvor, toda a honra e toda a glória, para todo o sempre.
T.: **Amém!**

13. BÊNÇÃO DO SANTÍSSIMO
(Quando houver a presença de um sacerdote ou diácono.)
Tão sublime Sacramento, adoremos neste altar, pois o Antigo Testamento deu ao novo o seu lugar. Venha a fé por suplemento os sentidos completar.
Ao eterno Pai, cantemos, e a Jesus, o Salvador. Ao Espírito exaltemos, na Trindade eterno amor. Ao Deus uno e trino demos a alegria do louvor. Amém.

– Do céu lhes destes o Pão (aleluia).
– **Que contém todo sabor (aleluia).**
– **Oremos:** Senhor Jesus Cristo, neste admirável Sacramento nos deixastes o memorial de vossa paixão. Dai-nos venerar com tão grande amor o mistério do vosso Corpo e do vosso Sangue, que possamos colher continuamente os frutos da Redenção. Vós que sois Deus com o Pai, na unidade do Espírito Santo.
– **Amém.**

(O Sacerdote reza, mostrando à comunidade o Santíssimo Sacramento:)
– "Deus vos abençoe e vos guarde!
– Que Ele vos ilumine com a luz da sua face e vos seja favorável.
– Que Ele vos mostre o seu rosto e vos traga a paz.
– Que Ele vos dê a saúde do corpo e da alma".
(O Sacerdote ergue mais o Santíssimo e eleva a voz ou canta:)
– Nosso Senhor Jesus Cristo esteja perto de vós para vos defender. Esteja em vosso coração para vos conservar. Que Ele seja o vosso guia para vos conduzir; que vos acompanhe para vos guardar; olhe por vós e sobre vós derrame sua bênção! Ele, que vive com o Pai, na unidade do Espírito Santo.
– **Amém.**
(Segue-se a bênção com o Santíssimo.)
Louvores a Deus
Bendito seja Deus.
Bendito seja o seu santo nome.
Bendito seja Jesus Cristo, verdadeiro Deus e verdadeiro Homem.
Bendito seja o nome de Jesus.
Bendito seja o seu sacratíssimo Coração.
Bendito seja o seu preciosíssimo Sangue.
Bendito seja Jesus no Santíssimo Sacramento do altar.
Bendito seja o Espírito Santo Paráclito.
Bendita seja a grande Mãe de Deus, Maria Santíssima.
Bendita seja a sua santa e imaculada Conceição.
Bendita seja a sua gloriosa Assunção.
Bendito seja o nome de Maria, Virgem e Mãe.

Bendito seja São José, seu castíssimo esposo.
Bendito seja Deus nos seus anjos e nos seus santos.

Oração pela Igreja e pela pátria
– DEUS E SENHOR NOSSO,
– protegei a vossa Igreja,/ dai-lhe santos pastores e dignos ministros./ Derramai as vossas bênçãos/ sobre o nosso santo Padre, o Papa,/ sobre o nosso Bispo (Arcebispo),/ sobre o nosso Pároco e todo o clero;/ sobre o Chefe da Nação e do Estado/ e sobre todas as pessoas/ constituídas em dignidade,/ para que governem com justiça./ Dai ao povo brasileiro/ paz constante/ e prosperidade completa./ Favorecei,/ com os efeitos contínuos/ de vossa bondade,/ o Brasil,/ este Bispado (Arcebispado),/ a Paróquia em que habitamos/ e a cada um de nós,/ em particular,/ e a todas as pessoas/ por quem somos obrigados a orar,/ ou que se recomendaram/ às nossas orações./ Tende misericórdia/ das almas dos fiéis/ que padecem no purgatório;/ dai-lhes, Senhor,/ o descanso e a luz eterna.
(Pai-nosso, Ave-Maria, Glória.)
– Graças e louvores se deem a cada momento:
– **Ao Santíssimo e diviníssimo Sacramento.**

14. CANTO FINAL *(ou à escolha)*
1. Pelas estradas da vida/ nunca sozinho estás,/ contigo pelo caminho,/ Santa Maria vai.
Ó, vem conosco, vem caminhar,/ Santa Maria, vem! (bis)
2. Mesmo que digam os homens,/ tu nada podes mudar,/ luta por um mundo novo/ de unidade e paz.

3. Se pelo mundo os homens/ sem conhecer-se vão,/ não negues nunca a tua mão,/ a quem te encontrar.
4. Se parecer tua vida/ inútil caminhar,/ lembra que abres caminho,/ outros te seguirão.

CÂNTICOS

1. A RECOMPENSA
1. Quando Deus trouxe de volta os flagelados,/ os flagelados, todo mundo estava crente que era um sonho,/ que era um sonho.
2. Nossa boca dava gritos de alegria,/ nossos lábios tinham canto de vitória, os descrentes, olhando, comentavam:/ "O Senhor fez por eles grandes coisas".
3. O Senhor fez por nós coisas bem grandes/ e com isso nos deu grande alegria. O Senhor fez por nós coisas bem grandes/ e com isso nos deu grande alegria.

2. JESUS CRISTO ME DEIXOU INQUIETO
Jesus Cristo me deixou inquieto,/ nas palavras que ele proferiu./ Nunca mais eu pude olhar o mundo,/ sem sentir aquilo que Jesus sentiu.
1. Eu vivia tão tranquilo e descansado,/ e pensava ter chegado ao que busquei./ Muitas vezes proclamei extasiado/ que ao seguir a lei de Cristo eu me salvei. Mas depois que meu Senhor passou,/ nunca mais meu coração se acomodou.
2. Minha vida que eu pensei realizada,/ esbanjei como semente em qualquer chão./ Pouco a pouco a caminhar na longa estrada,/ percebi que havia tido uma ilusão./ Mas depois que meu Senhor passou,/ ilusão e comodismo se acabou.

3. VÓS SOIS MEU PASTOR
Vós sois meu Pastor, ó Senhor,/ nada me faltará, se me conduzis.
1. Em verdes pastagens, feliz, eu descansei,/ em vossas águas puras eu me desalterei.
2. No vale das sombras, o mal é vão temer./ Se vos tenho ao meu lado, por que desfalecer?
3. Pusestes minha mesa, para o festim real;/ ungistes-me a cabeça com óleo divinal.
4. Transborda em minha taça um misterioso vinho./ Consolo e alimento, ao longo do caminho.
5. A luz e graça vossa sem fim me seguirão,/ e o céu, em recompensa, um dia me darão.

4. SE MEU IRMÃO ESTENDE A MÃO
1. Se meu irmão estende a mão/ e pede um pouco de pão,/ e eu não respondo e digo não,/ errei de rumo e direção./ Nesta mesa de perdão, o pão e vinho elevarei e, pensando em meu irmão, o meu Senhor receberei.
Quero ver no meu irmão a imagem dele, meu irmão que até nem tem o necessário pra ter paz. Quero ser pro meu irmão a resposta dele, eu que vivo mais feliz e às vezes tenho até demais.
3. O corpo e sangue do Senhor, o corpo e sangue de um irmão, o mesmo Pai e o mesmo amor, o mesmo rumo e direção. Nesta mesa do Senhor, sou responsável pela paz de quem no riso e na dor vai buscar o Pai.

5. EM SINTONIA COM DEUS
Meu espírito está (bis) em sintonia com meu Deus./ Meu espírito está (bis)/em sintonia com o Pai.

Hora Santa Eucarística

1. O Espírito de Deus fez moradia no meu coração./ Sua paz me envolveu e de alegria fiz esta canção...
2. No Espírito de Deus, eu repousei fazendo o que Ele diz, e meu Deus me respondeu e deu-me a paz, que faz eu ser feliz...

6. ORAÇÃO DE SÃO FRANCISCO

Senhor, fazei-me instrumento de vossa paz:
Onde houver ódio, que eu leve o amor;
Onde houver ofensa, que eu leve o perdão;
Onde houver discórdia, que eu leve a união;
Onde houver dúvida, que eu leve a fé.
Onde houver erro, que eu leve a verdade;
Onde houver desespero, que eu leve a esperança;
Onde houver tristeza, que eu leve a alegria;
Onde houver treva, que eu leve a luz.

Ó Mestre, fazei que eu procure mais:
Consolar que ser consolado.
Compreender que ser compreendido.
Amar que ser amado.
Pois é dando que se recebe;
É perdoando que se é perdoado;
E é morrendo que se vive para a vida eterna.

7. SEGURA NA MÃO DE DEUS

1. Se as águas do mar da vida/ quiserem te afogar,/ segura na mão de Deus e vai./ Se as tristezas desta vida/ quiserem te sufocar,/ segura na mão de Deus e vai.
Segura na mão de Deus./ Segura na mão de Deus./ Pois ela, ela te sustentará./ Não temas,

segue adiante/ e não olhes para trás./ Segura na mão de Deus e vai.
2. Se a jornada é pesada/ e te cansas na caminhada,/ segura na mão de Deus e vai./ Orando, jejuando,/ confiando e confessando,/ segura na mão de Deus e vai.
3. O Espírito do Senhor/ sempre te revestirá./ Segura na mão de Deus e vai./ Jesus Cristo prometeu/ que jamais te deixará./ Segura na mão de Deus e vai.

8. GLÓRIA A JESUS
1. Glória a Jesus na hóstia santa,/ que se consagra sobre o altar,/ e aos nossos olhos se levanta/ para o Brasil abençoar.
Que o santo Sacramento,/ que é o próprio Cristo Jesus,/ seja adorado e seja amado/ nesta terra de Santa Cruz.
2. Glória a Jesus, Deus escondido,/ que vindo a nós na comunhão,/ purificado, enriquecido,/ deixa-nos sempre o coração.
3. Glória a Jesus que ao rico, ao pobre/ se dá na hóstia em alimento/ e faz do humilde e faz do nobre/ um outro Cristo em tal momento.

9. EU TE ADORO, HÓSTIA DIVINA
Eu te adoro, hóstia divina./ Eu te adoro, hóstia de amor.
1. És dos anjos o suspiro,/ és dos homens o fervor.
Eu te adoro, hóstia divina./ Eu te adoro, hóstia de amor.
2. És dos fortes a doçura,/ és dos fracos o vigor.
3. És na vida alento e força,/ és na morte defensor.

10. VIVA A MÃE DE DEUS
Viva a Mãe de Deus e nossa,/ sem pecado concebida!/ Viva a Virgem Imaculada,/ a Senhora Aparecida.
1. Aqui estão vossos devotos,/ cheios de fé incendida,/ de conforto e de esperança,/ ó Senhora Aparecida!
2. Protegei a santa Igreja,/ ó Mãe terna e compadecida,/ protegei a nossa Pátria,/ ó Senhora Aparecida!
3. Velai por nossas famílias,/ pela infância desvalida,/ pelo povo brasileiro,/ ó Senhora Aparecida!

11. DAI-NOS A BÊNÇÃO
Dai-nos a bênção, ó mãe querida,/ Nossa Senhora Aparecida. (bis)
1. Sob esse manto do azul do céu,/ guardai-nos sempre no amor de Deus.
2. Eu me consagro ao vosso amor,/ ó Mãe querida, do Salvador.

12. GRAÇAS VOS DAMOS
1. Graças vos damos, Senhora,/ Virgem por Deus escolhida,/ para mãe do Redentor,/ ó Senhora Aparecida.
2. Louvemos sempre a Maria,/ Mãe de Deus, autor da vida,/ louvemos com alegria/ a Senhora Aparecida.
3. E na hora derradeira,/ ao sairmos desta vida,/ intercedei a Deus por nós,/ Virgem Mãe Aparecida.

13. À VOSSA PROTEÇÃO
À vossa proteção recorremos, Mãe de Deus.
1. Santa Maria, socorrei os pobres,/ ajudai os fracos, consolai os tristes,/ rogai pela Igreja, protegei o clero,/ ajudai-nos todos, sede nossa salvação.
2. Santa Maria, sois a Mãe dos homens,/ sois a Mãe de Cristo, que nos fez irmãos;/ rogai pela Igreja, pela humanidade,/ e fazei que enfim tenhamos paz e salvação.

14. ENSINA TEU POVO A REZAR
1. Ensina teu povo a rezar,/ Maria, Mãe de Jesus/ que um dia teu povo desperta e na certa vai ver a luz,/ que um dia teu povo se anima e caminha com teu Jesus.
2. Maria de Jesus Cristo,/ Maria de Deus, Maria Mulher,/ ensina a teu povo o teu jeito de ser o que Deus quiser.
3. Maria, Senhora nossa,/ Maria do povo, povo de Deus,/ ensina o teu jeito perfeito de sempre escutar teu Deus.

15. NOSSA SENHORA DO CAMINHO
1. Pelas estradas da vida/ nunca sozinho estás;/ contigo pelo caminho/ Santa Maria vai.
Ó vem conosco, vem caminhar,/ Santa Maria, vem! (bis)
2. Se pelo mundo os homens/ sem conhecer-se vão,/ não negues nunca a tua mão/ a quem te encontrar.
3. Mesmo que digam os homens,/ tu nada podes mudar,/ lutar por um mundo novo/ de unidade e paz.
4. Se parecer tua vida/ inútil caminhar,/ lembra que abres caminho,/ outros te seguirão.

16. COM MINHA MÃE ESTAREI

1. Com minha mãe estarei/ na santa glória um dia,/ junto à Virgem Maria,/ no céu triunfarei.

No céu, no céu, com minha Mãe estarei. (bis)

2. Com minha Mãe estarei,/ palavra deliciosa,/ que em hora trabalhosa/ sempre recordarei.

3. Com minha Mãe estarei!/ E que bela coroa/ de Mãe tão terna e boa/ feliz receberei!